Vorgärten

Einfach nachmachen…

Die Reihe »Garten-Rezepte« auf einen Blick:

- Balkonkästen
- Blütenhecken
- Blumenbeete
- Duftgärten
- Gartenteiche
- Kübelpflanzen
- Küchengärten
- Rosengärten
- Schattenplätze
- Sitzplätze
- Sommerblumen
- Vorgärten

Garten
Rezepte

Dorothée Waechter

Vor-
gärten

Einfach nachmachen...

Inhalt

Die Visitenkarte

In der Regel bleibt zwischen Bürgersteig und Hauseingang ein Stück Grundstücksfläche frei. Es bietet Raum für mehr oder weniger große Gartengestaltungen, die Besucher freundlich empfangen und auch bei Passanten in positiver Erinnerung bleiben. Zugleich kann man sich selbst mit dem Vorgarten präsentieren, denn die Gestaltung spiegelt die Bewohner in ihren Vorlieben wider. Und das gilt auch für den Pflegezustand.

Der Rosenbogen wirkt wie ein freundlicher Willkommensgruß. Zum Hauseingang führt ein leicht geschwungener Weg.

Die Anforderungen

Der Vorgarten begleitet den Alltag 24 Stunden am Tag, und das an 365 Tagen im Jahr. Das bedeutet: Er muss immer ein gutes Bild abgeben. Zugleich muss man jederzeit bequem und sicher in das Haus gelangen. Daher gilt es, bei der Planung Ideen zu entwickeln, die keinen übermäßigen Pflegeaufwand benötigen. Gleichzeitig sollte man darauf achten, dass immer etwas blüht, also Wert auf Dauerblüher legen und dass zumindest Teile der Bepflanzung auch im Winter attraktiv wirken. Ein breiter Zugangsweg und eine ausreichende Beleuchtung bei Höhenunterschieden dürfen in der Planung nicht unberücksichtigt bleiben, damit sperrige Gegenstände problemlos in die beziehungsweise aus der Wohnung transportiert werden können.

Eine wichtige gestalterische Grundlage liegt in der Architektur des Hauses. Stil, Materialien und Pflanzenauswahl sollten unbedingt mit der Fassade harmonieren und durch Entsprechungen in Farbe oder Form die Zusammengehörigkeit unterstreichen. Zugleich kann man mit einer pfiffigen Gestaltung dem Haus Individualität verleihen. Gerade in uniform gestalteten Neubaugebieten liegt in der Anlage des Vorgartens eine Chance, sich von den Nachbargrundstücken zu unterscheiden.

Die Funktionen

Neben der rein optischen Funktion übernimmt
der Vorgarten folgende Aufgaben:
- Zugang zum Haus und eventuell zu Garage
  beziehungsweise Carport sowie zum Garten
- Stellplatz für Müllboxen und Fahrräder
- Spielplatz für Kinder
- Zugang zu Kanaldeckeln, Öltanks
- Ort der Kommunikation mit Nachbarn

Diese müssen in der Planung ebenso berücksichtigt werden wie eine gewisse Abgrenzung
zu den Nachbarseiten und zum Gehweg. Letzterer ist vor allem wichtig, wenn der Vorgarten
nicht zum Stammplatz von Katzen und Hun-
den werden soll. Die Kunst besteht darin,
Lösungen mit einer gerissenen Transparenz zu
finden. Schließlich sollen Besucher nicht
abgewiesen werden.

Die Planung

In den beiden vorangegangenen Abschnitten
zeigt sich, dass der Vorgarten unabhängig von
seiner Größe ein recht komplexes Gefüge aus
verschiedensten Interessen ist. Daher erleich-
tert man sich die Entwicklung der Ideen, indem
man zunächst ein Liste mit den Gegebenheiten
macht, die Umgebung genau beobachtet. Anschließend zeichnet man den Grundriss des

Ein schlichter Staketenzaun passt zum ländlichen Ambiente,
und dank zahlreicher Blütentriebe wird seine starre Form
geschickt gelockert.

Grundstücks auf, markiert die unabänderlichen
Gegebenheiten. Erst dann überträgt man das
ausgewählte Gestaltungsbeispiel und gleicht es
an die Gegebenheiten an.
Sind die Vorgärten von Reihenhäusern sehr
schmal, sollte man die Möglichkeit in Betracht
ziehen, zwei benachbarte Grundstücke ge-
meinsam zu planen. Mit Drähten lässt sich
die Grundstücksgrenze nahezu unsichtbar
markieren.

Schönheiten mit Ausdauer

Vor dem Haus bietet ein breites Grundstück die Möglichkeit für eine Rabatte, die das ganze Jahr etwas zu bieten hat. Sie wird durch eine schmale kniehohe Berberitzenhecke zum Bürgersteig und zum Nachbargrundstück eingerahmt. Das rötliche Laub sorgt im Winterhalbjahr lange für einen Farbtupfer. Im Frühling beginnt des blumige Leben im Beet mit Bergenien, Narzissen und Gold-Wolfsmilch. Der Sommer steht im Zeichen von Frauenmantel, Färberkamille und Purpurglöckchen, später ergänzt der goldgelbe Sonnenhut das Treiben. Zum Herbst sorgen Kissenaster und Gräser für einen stimmungsvollen Saisonabschluss. Efeu rahmt die Mülltonnenbox blickdicht ein. Auf dem schmalen Grenzstreifen neben der Garagenzufahrt, die zugleich zum seitlichen Hauseingang führt, ist Platz für eine kleine Pflanzenauswahl. Mit Bergenie, Frauenmantel und Kissenaster wird der Dialog zu dem großen Beet aufgenommen und das Motto der Jahreszeiten nochmals aufgegriffen.

1 8 x Frauenmantel
(Alchemilla mollis)

2 14 x Kissenaster
(Aster dumosus)

3 7 x Bergenie
(Bergenia-Hybriden)

Was Sie brauchen

Wie Sie pflanzen

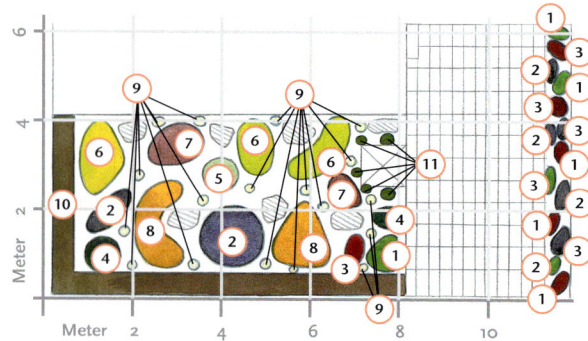

Pflanzplan zur Gestaltung Seite 8/9

Die Gestaltung kann bis auf die Hälfte verkleinert werden, wenn das Wohnhaus schmaler ist. Die Wirkung wird dadurch nicht beeinträchtigt. Man sollte allerdings von links die Staudenpflanzung kürzen und natürlich die Berberitzenhecke als Grenzlinie an der Schnittstelle ansetzen.

Trittsteine vorher verlegen

Zunächst sollte die Einfahrt befestigt werden. Da es sich um eine Fläche handelt, die mit dem Auto befahren wird, muss der Unterbau fachgerecht ausgeführt werden. Das überlässt man einer Fachfirma, wenn die Erfahrungen fehlen. Mit Kantensteinen, die ins Mörtelbett gelegt werden, fasst man die Beetflächen sau-

ber ein. Vor dem Winter sollte das Erdreich gründlich gelockert werden. Bei einem Neubau ist mit tiefgründigen Verdichtungen zu rechnen. Im Frühjahr kann man statt der mechanischen Lockerung eine Gründüngung einsäen, die sich dann in den Frühsommerwochen als Blumenwiese präsentiert und vor der Pflanzung in den Boden eingearbeitet wird. Der Pflanztermin verschiebt sich so auf den Spätsommer.

Der gelockerte Boden wird glattgerecht. Im Frühjahr arbeitet man Dünger ein. Nun legt man die Trittsteine in ein Sandbett, sodass sie bündig in der Erde liegen. Die Stauden werden ausgelegt und gepflanzt. Als Letztes setzt man von den Außenseiten die **Berberitzen** in einen vorbereiteten Pflanzgraben. Die Neupflanzung wird gut angegossen. Die Triebe des **Efeus** werden an der Müllbox emporgeführt. Bei einer Herbstpflanzung wird die gesamte Pflanzung Ende Oktober mit Rindenmulch abgedeckt.

TIPP

Als niedrige Einfassung bietet sich auch Buchsbaum an. Das satte Grün leuchtet in den Wintermonaten. An den Ecken kann man kleine Kegel aus Buchsbaum ziehen.

Wie Sie pflegen

Die Katzenminze 'Walkers Low' zählt zu den wundervollen Dauerblühern. Nach der ersten Blüte wird sie zurückgeschnitten und treibt dann neu durch.

Im ersten Jahr

Die **Berberitzenhecke** muss man nach dem Austrieb das erste Mal schneiden. Anfang August, bei trübem Wetter, wird sie das zweite Mal geschnitten. Bei einer Herbstpflanzung liegt der erste Schnitttermin im Frühjahr. Den **Efeu** muss an der Müllbox hoch geführt werden. Wenn die Triebe Halt gefunden haben, werden die Spitzen ausgeknipst. Die Blätter der **Narzissen** lässt man nach der Blüte gelb werden, anschließend werden sie entfernt. Ebenso welke Blütenstände der **Bergenien**. Die **Färberkamille** bekommt mit Hilfe von Stauden-stützen Halt. Der **Frauenmantel** wird nach der Blüte zurückgeschnitten.

Das gesamte Beet wird Anfang Juni mit Dünger versorgt. Zuvor sollte Unkraut entfernt werden. Im Herbst lässt man die Pflanzung stehen, mulcht mit reifem Kompost, und erst im zeitigen Frühling schneidet man die trockenen Pflanzenteile zurück.

Nach dem Einwachsen

Im Frühling wird das Beet gedüngt. Der Pflege-plan des ersten Jahres wird beibehalten. Den **Efeu** schneidet man im Frühjahr zurück. Sollten die **Bergenien** nach fünf Jahren zu dicht stehen, teilt man sie. Ebenso sollte man die **Narzissen** im Rhythmus von vier bis fünf Jahren nach der Blüte aufnehmen. Die Zwiebeln werden geteilt, über Sommer trocken und dunkel gelagert und im zeitigen Herbst gesetzt.

Was Sie auch nehmen können

statt ① 6 x Himalaya-Storchschnabel *(Geranium himalayense)*, 40 bis 60 cm hoch, blaue Blütenschalen von Juni bis August.

statt ⑤ 3 x Blumensedum 'Matrona' *(Sedum-Hybride)*, hellrosa Blütenstände über burgunderrotem Laub, 60 cm hoch.

statt ⑦ 3 x Palisaden-Wolfsmilch *(Euphorbia characias* subsp. *wulfenii)*, 60–100 cm, walzenförmige Triebe mit dichten Blütentrauben, Blüte ab April.

Ein pflegeleichter Empfang

Durch Kies und Kantensteine erhält dieser recht große Vorgarten eine formale Struktur. Daraus ergeben sich drei Beetflächen, in jeder wächst ein Gehölz. Die Blüten von Sternmagnolie und Felsenbirne stellen im Frühling einen Höhepunkt dar. Zum Sommer werden sie von dem strahlend weißen Flor des Chinesischen Blumenhartriegels abgelöst. Der Herbst bekommt durch die Herbstfärbung beziehungsweise den Fruchtschmuck der Gehölze ein eigenes Gesicht. Die Baumscheiben sind mit Immergrün, Frauenmantel und Himalaya-Storchschnabel flächendeckend bepflanzt. So wird verhindert, dass sich Unkraut breit macht, und der Vorgarten bleibt pflegeleicht. Mit den Blüten von Schneeglöckchen und Traubenhyazinthen werden die Beete im Frühling aufgelockert. Die Formalität dieser Bepflanzung passt sehr gut zu modernen Häusern, insbesondere zu Flachdachbauten, da sie die geometrische Form des Vierecks aufgreift, die auch die Fassade bestimmt.

Was Sie brauchen

1 1 x Chinesischer Blumenhartriegel
(Cornus kousa var. chinensis)

2 1 x Sternmagnolie
(Magnolia stellata)

3 1 x Felsenbirne
(Amelanchier laevis)

4 10 x Immergrün
(Vinca minor)

12

5 | 18 x Frauenmantel
(Alchemilla mollis)

6 | 20 x Himalaya-Storchschnabel
(Geranium himalayense)

7 | 80 x Schneeglöckchen
(Galanthus nivalis)

8 | 50 x Traubenhyazinthe
(Muscari armeniacum)

Wie Sie pflanzen

Die Gestaltung lässt sich leicht an andere Vor-
gartenmaße anpassen. Sowohl in der Länge als
auch in der Breite können die quadratischen
Beete verkleinert werden. Gegebenenfalls kann
man die Anzahl auch auf zwei Beete reduzie-
ren. Für die optimale Wirkung ist es wichtig,
dass die Linien der Beetränder in der Fassade
des Hauses Entsprechung finden. Hierfür können auch die Zwischenräume variiert werden.

Strukturen anlegen

Der Pflanzplan wird mit Pflanzschnüren auf die
Fläche übertragen. Zunächst muss man die
Kantensteine setzen. Sie sollten in ein Mörtelbett gelegt werden, damit sie dauerhaft Halt
finden. Dazu muss das Erdreich ausgekoffert
und abgetragen werden. Gleichzeitig schafft
man den Raum für die Kiesschüttung. Sie sollte
zwischen fünf und zehn Zentimeter hoch sein.
Anderenfalls bereiten Unkräuter immer wieder
Probleme.

Für die **Gehölze** wird in der Mitte jeweils ein
tiefes Pflanzloch gegraben. Auf dem Grund
lockert man die Erde. Bei schweren Böden
sollte zur dauerhaften Lockerung Sand beige-
mischt werden. Anschließend das Pflanzloch
gründlich wässern. Den Aushub mischt man
mit reifem Kompost. Die **Sträucher** einsetzen,
Erde auffüllen und gefühlvoll antreten. Danach

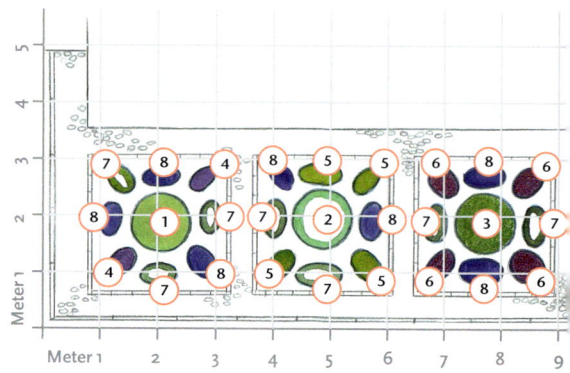

Pflanzplan zur Gestaltung Seite 12/13

wird die Unterpflanzung aus **Stauden** und
Zwiebelpflanzen gesetzt. Mit Mulch deckt man
den offenen Boden ab.

TIPP

Planen Sie frühzeitig beim Bau des
Vorgartens einen Stromanschluss
ein, der sich von innen betätigen
lässt. So kann man die Astgerüste
der Sträucher in den Wintermonaten mit Lichterketten schmücken.
Das Haus wird freundlich
beleuchtet, und die verschiedenen
Silhouetten der Gehölze rücken in
den Vordergrund.

Wie Sie pflegen

Im ersten Jahr

Die Gehölze müssen regelmäßig gewässert
werden, damit sie gut anwachsen. Im Frühling
versorgt man sie mit Dünger.

Himalaya-Storchschnabel und **Immergrün**
schneidet man nach der Blüte einmal kräftig
zurück. Für den Neuaustrieb werden sie gedüngt und gewässert. Ist die Unterpflanzung
noch nicht dicht, werden sich Unkräuter breit
machen, die regelmäßig entfernt werden
müssen. Im Herbst erneuert man die Mulchdecke.

Nach dem Einwachsen

Nach etwa vier Jahren werden die **Schneeglöckchen**-Tuffs so dicht, dass man sie nach
der Blüte aufnimmt, teilt und sofort wieder
pflanzt. Geben Sie etwas Dünger in das
Pflanzloch, damit sie, bis die Blätter welk
werden, Kraft tanken können.

Das **Immergrün** verjüngt sich zwar ständig,
aber im Rhythmus von drei bis vier Jahren
schneidet man es im Frühsommer einmal
kräftig zurück. Mit einem Volldünger und
regelmäßigem Gießen treibt es rasch wieder
durch. Werden die Horste von **Frauenmantel**
und **Himalaya-Storchschnabel** zu dicht, nimmt
man sie mit der Grabegabel im Herbst auf
und teilt sie.

Diese Felsenbirne zeigt sich in ihrer prachtvollen
Herbstfärbung. So prägt sie die Gestaltung nicht nur im
Frühling, sondern auch zum Ende der Saison.

Bei den Gehölzen ist ein Rückschnitt erforderlich, wenn sich die Krone störend ausbreitet.
Die jeweiligen Triebe werden im späten Herbst
aus dem Inneren entfernt.

Was Sie auch nehmen können

statt ② **Rhododendron** *(Rhododendron-Hybride)*,
immergrünes Blütengehölz, Blüte im Mai in
Rosa, Violett, Orange oder Rot, Moorbeet-
erde erforderlich.

statt ⑤ **Waldsteinie** *(Waldsteinia ternata)*, wintergrüner Bodendecker mit gelben Blüten im
Frühling.

statt ⑥ **Kriechender Spindelstrauch** *(Euonymus
fortunei)*, immergrünes Gehölz, das sich
flach ausbreitet, Laub weiß oder gelb
gezeichnet.

Eine rosige Begrüßung

Der Bogengang teilt den Vorgarten in zwei Hälften, die symmetrisch bepflanzt werden. Gleichzeitig führt er direkt auf den Hauseingang zu, der mit zwei einrahmenden Strauchmalven geschmückt wird. Verschiedene Sorten der Italienischen Waldrebe klettern an den einzelnen Bögen empor und verzaubern so die architektonischen Kletterhilfen. Die Beetflächen sind zum Bürgersteig mit einem Saum aus Küchensalbei umrahmt, der eine schöne Einfassung darstellt. Zum Bogengang und Wohnhaus verläuft eine entsprechende Einfassung, allerdings aus Lavendel, der einen zusätzlichen Farbtupfer im Sommer ins Spiel bringt, zumal er zu den klassischen Rosenkavalieren zählt. Zum Auftakt des Gartenjahres schmücken Tulpen und Vergissmeinnicht die Pflanzflächen. Im Sommer übernehmen Teppich-Glockenblumen und Beetrosen die Führung. In den Wintermonaten macht der Vorgarten ein gutes Bild, wenn man die Pflanzflächen mit Nadelreisig abdeckt.

Was Sie brauchen

1. **10 x Italienische Waldrebe** *(Clematis viticella-Hybride)*
2. **70 x Lavendel** *(Lavandula angustifolia)*
3. **36 x Küchensalbei** *(Salvia officinalis)*
4. **10 x Beetrose** *(Rosa-Hybride)*, z. B. 'Bonica '82'
5. **2 x Strauchmalve** *(Lavatera olbia)*

Wie Sie pflanzen

Es gibt verschiedene Möglichkeiten, die Gestaltung auf eine kleinere Fläche zu übertragen. Man kann beispielsweise nur eine Beetseite und den Bogengang übernehmen oder, wenn der Weg zwischen Haus und Vorgarten überflüssig ist, auf diesen verzichten. Die Einfassung der Beete wird schmaler, wenn Sie statt Lavendel und Salbei Buchsbaum verwenden.

Anlage in Etappen

Wer schon im ersten Jahr eine üppige Bepflanzung wünscht, sollte bis zum Herbst den Plattenweg angelegt und die Metallbögen aufgestellt haben. Letztere brauchen ein Betonfundament, damit sie jeder Windlast standhalten. Neben dem Hauseingang müssen zwei Pflanzflächen für die **Strauchmalve** ausgespart werden. Die Größe sollte mit dem Dachüber-

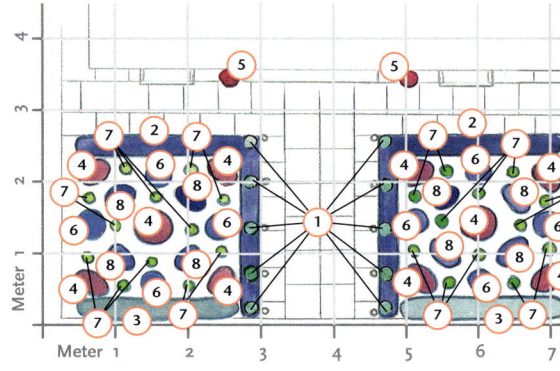

Pflanzplan zur Gestaltung Seite 16/17

stand in Einklang gebracht werden, damit der Boden nicht zu trocken ist. Im Spätherbst können die ersten Pflanzungen vorgenommen werden. Man setzt an die Bögen die **Italienischen Waldreben**. Sie werden deutlich tiefer gepflanzt als sie zuvor im Topf standen und leicht schräg an die Pfosten gelegt. In das Pflanzloch legt man senkrecht ein Plastikrohr, damit man die Pflanzen gezielt gießen kann. Auch die **Rosen** und **Tulpen** kommen im Herbst in die Erde. **Strauchmalven, Teppich-Glockenblumen** und **Vergissmeinnicht** werden wie auch die Einfassungen aus **Lavendel** und **Küchensalbei** erst im Frühling gepflanzt.

Wie Sie pflegen

Ein Bogen markiert das Eingangstor im Zaun. Kletterrosen schmücken ihn den ganzen Sommer mit ihren wundervollen üppigen Blüten.

Im ersten Jahr

Im Frühling entfernt man den Winterschutz an **Rosen** und **Clematis**. Gleichzeitig verteilt man Dünger auf der Erde und arbeitet ihn mit einem Kultivator ein. Anschließend wird Mulch in den Zwischenräumen verteilt. Die **Strauchmalven** werden ebenfalls gedüngt. Man bindet sie frühzeitig an einer Bambusstange fest. Sind die **Tulpen** verblüht, sollte man sie komplett entfernen. Wenn die **Vergissmeinnicht** im Juni mit der Blüte nachlassen, entfernt man auch sie. Sind die Lücken sehr groß, kann man hier

Kapastern *(Felicia amelloides)* nachpflanzen. Die Rosenblüten müssen regelmäßig ausgeputzt werden. Nach der Blüte schneidet man **Küchensalbei** und **Lavendel** kräftig zurück. Die Italienischen **Waldreben** brauchen regelmäßiges Wässern.

Nach dem Einwachsen

Im Herbst setzt man regelmäßig neue **Tulpenzwiebeln**. Zum Winter werden die **Rosen** leicht zurückgeschnitten und die **Italienischen Waldreben** »gezähmt«. Die **Strauchmalven** schneidet man bis zur Basis zurück. Mit Laub und Fichtenreisig schützt man sie im Winter. Wenn sie nach dem Winter nicht austreiben, setzt man neue Exemplare. Auch die Beete werden mit Tannenzweigen abgedeckt. Im Frühjahr setzt man wieder **Vergissmeinnicht**. Die **Rosen** werden sauber geschnitten, und im gesamten Beet wird erst Dünger und anschließend Mulch verteilt.

Was Sie auch nehmen können

statt ③ **24 x Heiligenkraut *(Santolina chamaecyparissus)*, Halbsträucher mit silbrigem Laub, 30 cm hoch, gelbe Blüten im Juli.**

statt ⑤ **2 x Hochstammrosen *(Rosa*-Hybride), öfter blühende Sorte.**

statt ⑥ **8 x Katzenminze *(Nepeta × faassenii)*, violette Blüten im Juni, Höhe 30–40 cm, nach der Blüte zurückschneiden.**

Die Leichtigkeit des Halbschattens

Ein gepflasterter Weg führt schwungvoll durch den Vorgarten zum Eingang. Rechts daneben befindet sich ein überdachter Unterstand für Mülltonnen und Fahrräder. Optisch bleibt er von der Straße versteckt, da sich davor ein großer Bambushorst aufbaut. Parallel zum Haus setzt sich der Weg als Zugang zur Garage fort. Immergrüne Bergenien säumen dicht die Kante zum Bürgersteig und locker verteilt auch die Wege im Vorgarten.

Die Struktur der Bepflanzung wird durch verschiedene Gehölze vorgegeben. Die Zaubernuss als Winterblüher, die immergrüne Stechpalme mit rotem Fruchtschmuck und die im Frühling blühende Zierkirsche beleben die Zeiten, in denen die Natur ruht. Zugleich werden sie von Lenzrosen, Bergenien und Waldsteinien unterstützt. Für einen Höhepunkt im Sommer sorgen Gartenastilben mit ihrem lang anhaltenden Blütenschmuck. Durch die großflächige Verwendung werden sie zu einem echten Blickfang.

Was Sie brauchen

1. 4 x Bambus
   (Fargesia nitida)
2. 16 x Waldsteinie
   (Waldsteinia ternata)
3. 15 x Gartenastilbe
   (Astilbe × arendsii)
4. 3 x Funkie *(Hosta-Hybride)*,
   großblättrig
5. 4 x Lenzrose
   (Helleborus orientalis)

6 1 x Zaubernuss
(*Hamamelis mollis*)

7 1 x Zierkirsche (*Prunus serrulata*),
z. B. 'Kiku-shidare-sakura'

8 1 x Stechpalme
(*Ilex aquifolium*)

9 20 x Bergenie
(*Bergenia*-Hybride)

Wie Sie pflanzen

Dieser Vorgarten ist recht schnell angelegt und macht schon nach der Pflanzung etwas her, weil die Gehölze sofort eine natürlich Struktur verleihen.

Wurzelschutzbahn erspart Ärger

Wenn die Kanten des Weges gelegt wurden, kann man parallel zu den Pflasterarbeiten bereits mit der Bepflanzung beginnen. Für die

spätere Schäden durch Ausläufer. Ein Exemplar wird in einen Kübel gepflanzt. Dieser sollte frostfest sein und im Boden ein Abzugsloch haben. Als Substrat empfiehlt sich Kübelpflanzenerde. Die **Zierkirsche** sollte mit einem Pflanzpfahl gesetzt werden, damit sie gerade einwächst und in den ersten Jahren standfest ist. Eine weiche Sisalschnur wird wie eine Acht um Pfahl und Stamm gebunden. Beschädigungen der Rinde sollte man mit künstlicher Rinde verstreichen.

Die gepflanzten Gehölze werden gründlich angegossen. Anschließend legt man die Stauden wie im Pflanzplan gezeigt aus und pflanzt sie. In den Zwischenräumen wird Rindenmulch verteilt.

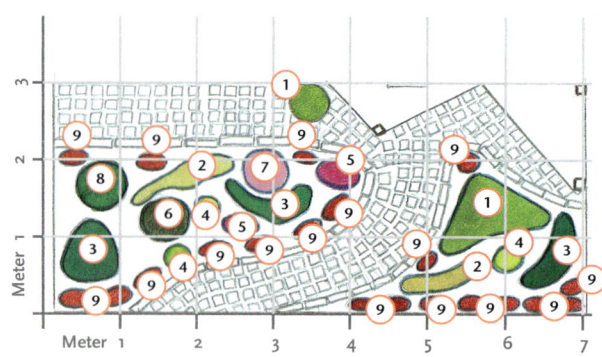

Pflanzplan zur Gestaltung Seite 20/21

Gehölze werden ausreichend große Pflanzlöcher gegraben und mit Wasser gefüllt. Der Bereich, der von dem **Bambus** durchwurzelt werden darf, sollte mit einer Wurzelschutzbahn seitlich ausgelegt werden. So verhindert man

Wie Sie pflegen

Im ersten Jahr

Die Pflanzung muss regelmäßig gegossen werden. Im Frühjahr beim Austrieb streut man Nadelstreu aus dem Wald oder Sägespäne um die treibenden **Funkien**, damit sie vor Schnecken geschützt werden. Die **Bergenien** werden nach der Blüte ausgeputzt: Der Blütenstiel wird abgeschnitten, alte und fleckige Blätter entfernt. Nach der Blüte werden auch die Stiele der **Lenzrosen** abgeschnitten, damit die Kraft in das Wachstum geht und nicht in die Fruchtbildung. Der **Bambus** im Topf wird regelmäßig gegossen, vor allem bei austrocknenden Winden.

Nach dem Einwachsen

Wachsen die **Bergenien** hoch, so nimmt man sie auf und setzt sie in ein tieferes Loch. Dichte Horste kann man gleichzeitig teilen. Wichtig ist, dass man jedes Jahr im Herbst Kompost an die Pflanzen füllt.

Die **Lenzrosen** brauchen fast keine Pflege. Sie können nach fünf Jahren geteilt werden. Blätter mit schwarzen Flecken sollten entfernt und in der Mülltonne entsorgt werden.

Die **Waldsteinie** bildet dichte Teppiche. Werden diese unsauber, mäht man sie nach der Blüte ab, um einen Neuaustrieb zu fördern. Gleichzeitig verteilt man großzügig reife Kompost-

Die langen flachen Stufen gleichen elegant die Höhenunterschiede zwischen Hauseingang und Bürgersteig aus.

erde auf den Pflanzen. Die Ränder kann man abstechen.

Die **Astilben** müssen frühestens im sechsten Jahr geteilt werden.

Der **Bambus** im Topf braucht alle zwei bis drei Jahre frische Erde. Wird er zu groß für den Topf, kann man ihn teilen.

Was Sie auch nehmen können

statt (2) 16 x **Immergrün** (*Vinca minor*), kleine lilablaue Blüten im April und Mai, lange Triebe mit immergrünem Laub.

statt (4) 3 x **Riesensegge** (*Carex pendula*), dekoratives Gras für den Halbschatten, überhängende Blütenrispen.

statt (7) 1 x **Chinesischer Blumenhartriegel** (*Cornus kousa* var. *chinensis*), hübscher Blütenstrauch für den Frühsommer, trichterförmiger Wuchs.

Formenspiele mit Gehölzen

Pflegeleicht und formal präsentiert sich dieser Vorgarten, der sich den architektonischen Fassadenelementen in verschiedenen Aspekten unterordnet. Rechts und links beschreibt eine Buchenhecke die Grundstücksgrenze. Sie ist nur achtzig Zentimeter hoch, um dem kurzen Schwatz mit dem Nachbarn nicht im Wege zu stehen. Die rechte Hecke übernimmt zugleich die Funktion, den Unterstand der Mülltonnen geschickt zu kaschieren. Ein Kugelahorn bestimmt die Situation und nimmt runde Elemente aus der Fassade auf. Eckige Bestandteile finden ihre Entsprechung in den Kuben aus Eibe und Buchsbaum. Sie brauchen einige Jahre, bis sie sich dicht und kompakt entwickelt haben. Unterschiedliche Höhen bringen Abwechslung ins Spiel. Der Eingang ist mit Waldreben eingerahmt, die mit Hilfe eines Rankgerüstes ein lockeres Vordach bilden. Zusätzlich sorgt ein Topfarrangement aus Buchskugeln und Hornveilchen für einen freundlichen Empfang.

Was Sie brauchen

① 2 x Italienische Waldrebe *(Clematis viticella*-Hybride)

② 23 x Hainbuche *(Carpinus betulus)*

③ 3 x Buchsbaum *(Buxus sempervirens)*, kugelförmig, Durchmesser zwischen 10 und 30 cm)

④ 3 x Hornveilchen *(Viola cornuta)*

5 1 x Kugelahorn
   (Acer platanoides 'Globosum')

6 21 x Eibe (Taxus baccata),
   Jungpflanzen

7 16 x Buchsbaum (Buxus
   sempervirens), Jungpflanzen

Wie Sie pflanzen

Die Gestaltung lässt sich leicht an ein abweichendes Grundmaß des Vorgartens anpassen, denn die Abstände zwischen den verschiedenen Pflanzflächen können verändert werden. Wichtig ist nur, dass die Achsen erhalten bleiben.

Platten im Sandbett

Die Pflanzung der Gehölze und Verlegung der Platten wird in einem Arbeitsgang durchgeführt. Am besten arbeitet man sich von der einen Hecke zur anderen vor. Mit Hilfe von Schnüren werden die verschiedenen Pflanzflächen markiert. Für die **Buchenhecken** hebt man einen Graben aus und lockert die Erde tiefgründig. Im Frühling kann gleich Dünger eingearbeitet werden. Nun wird der **Kugelahorn** gepflanzt. Auch die **Italienischen Waldreben** werden rechts und links vom Eingang gesetzt. Dabei wie auf Seite 18 beschrieben ein Plastikrohr zum Wässern einsetzen. Anschließend werden die Platten verlegt. Die Felder für **Eiben** und **Buchsbaum** spart man aus. Bei den Verlegearbeiten sollte man nur Kantensteine im Mörtelbett verlegen, damit der Belag Halt hat. Die Platten selbst werden im Sandbett verlegt, damit Wasser leicht versickern kann.
Zum Schluss werden die fünf Flächen mit **Buchsbaum** beziehungsweise **Eiben** bepflanzt.

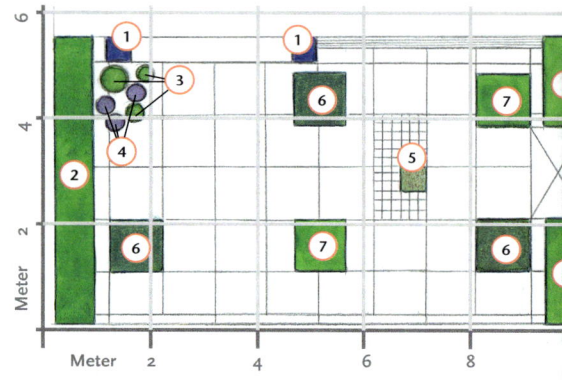

Pflanzplan zur Gestaltung Seite 24/25

Der Boden sollte gelockert und mit reifem Kompost verbessert werden. Achten Sie auf regelmäßige Pflanzabstände. Die Zwischenräume werden mit Mulch abgedeckt.

TIPP

Sparen Sie auf der Baumscheibe des Kugelahorns einige Betonsteine aus und ersetzen Sie diese durch Gittersteine. Dort können Jungpflanzen von Teppich-Glockenblumen *(Campanula poscharskyana)* gesetzt werden. So wird es unter dem Baum in den Sommermonaten blumig und bunt.

Wie Sie pflegen

Die Würfel sind aus Buchsbaum geschnitten. Sie wurden auf dem Weg zum Haus platziert und weisen so die Richtung zum Eingang.

Im ersten Jahr

Im Frühjahr muss die Bepflanzung gründlich gegossen werden. Jetzt können auch die Töpfe neben dem Eingang mit **Buchsbaum** und **Hornveilchen** bepflanzt werden.

Die **Hainbuchen** werden direkt nach dem Austrieb entspitzt, um die Verzweigung zu fördern. Anfang bis Mitte August schneidet man sie ein zweites Mal.

Buchsbaum und **Eiben** werden Anfang Mai das erste Mal geschnitten. Am besten verwendet man eine elektrische Heckenschere, um die Kanten und Oberfläche ganz gerade zu schneiden. Mit Hilfe von Schnüren markiert man die Höhe, wobei berücksichtigt werden muss, dass erst nach zwei bis drei Jahren die endgültige kompakte Form und Höhe erreicht ist.

Die **Italienischen Waldreben** werden zu dem Rankbogen über dem Eingang geführt. Sie sollten im Juni nochmals gedüngt werden.

Nach dem Einwachsen

Im Frühling düngt man alle Pflanzen. Im März können **Buchsbaum** und **Eibe** das erste Mal geschnitten werden, im August ein zweites Mal. Wichtig: Im Sommer muss das Wetter anhaltend trüb sein, wenn man die Immergrünen in Form bringt, sonst werden die Schnittstellen braun.

Nach dem Austrieb werden die **Hainbuchen** geschnitten. Sind die Hecken dicht, kann man mit Hilfe eines Drahtgerüstes lange Triebe über die Müllbox wachsen lassen, sodass ein grünes Dach entsteht.

Die **Italienischen Waldreben** hält man vital, indem man alte Triebe regelmäßig im Frühjahr herausschneidet. Ist das Klettergehölz stark vergreist, so kann man auch die Triebe im Frühjahr stark einkürzen und den Bogen komplett von der Basis her verjüngen.

Das Flair des Mittelmeers

Sie lieben die südliche Lebensart? Ein Vorgarten in der prallen Sonne greift das Thema auf. Stufen gleichen im Beispiel die Höhenunterschiede zwischen Bürgersteig und Haus aufs. Der Weg verläuft T-förmig. So führt er zum Eingang, gabelt sich davor, um einen schnellen Zugang zum Garten und zur Garage zu ermöglichen. Polsterpflanzen säumen den Weg, und dadurch wirkt er nicht allzu gerade.

Der Blütenhöhepunkt dieses Vorgartens liegt natürlich im Sommer, wenn Rosen, Glockenblumen, Spornblumen und Lavendel ihre Blüten unermüdlich öffnen. Zum Herbst nimmt die Farbigkeit ab, doch die verschiedenen Horste und Polster sorgen für abwechslungsreiche Strukturen, die auch im Winter zusammen mit der immergrünen Wolfsmilch und den Polstern von Thymian und Teppichsedum Akzente setzen. In blütenarmen Zeiten rücken bepflanzte Töpfe am Hauseingang in den Vordergrund. Zum Stil der Pflanzung passen im Frühjahr Botanische Tulpen und im Sommer Pelargonien.

Was Sie brauchen

1. **10 x Blumensedum** *(Sedum telephium)*
2. **8 x Teppich-Glockenblume** *(Campanula poscharskyana)*
3. **8 x Polsterthymian** *(Thymus serpyllum ‘Coccineus’)*
4. **2 x Beetrose** *(Rosa-Hybride)*, rot blühend
5. **14 x Spornblume** *(Centranthus ruber)*, z. B. ‘Coccineus’
6. **10 x Dost** *(Origanum laevigatum)*

7   4 x Lavendel
    (Lavandula angustifolia)

8   6 x Küchensalbei *(Salvia
    officinalis)*, z. B. 'Berggarten'

9   4 x Mandelblättrige Wolfsmilch
    (Euphorbia amygdaloides var.
    robbiae)

10 16 x Teppichsedum
    *(Sedum floriferum
    'Weihenstephaner Gold')*

Wie Sie pflanzen

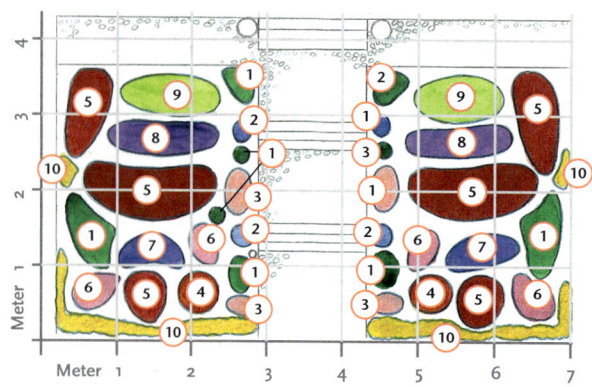

Pflanzplan zur Gestaltung Seite 28/29

Die Gestaltung kann man an die örtlichen Gegebenheiten anpassen. Die Beete werden kürzer und schmaler, indem man die Pflanzenanzahl in den einzelnen Flächen verringert oder einzelne Gruppen komplett herausnimmt. Wenn keine Höhenunterschiede vorhanden sind, verzichtet man auf die Stufen im Eingangsweg. Die Breite des Weges sollte jedoch nicht verringert werden, damit der Zugang nicht unbequem wird, vor allem beim Transport sperriger Gegenstände.

Feiner Kies als Mulch

Mit der Bepflanzung kann begonnen werden, wenn alle Kantensteine gesetzt sind. Zunächst sollte das Erdreich gelockert werden. Auf schweren Böden arbeitet man Quarzsand ein, um den Wasserabzug zu verbessern. Eine knapp bemessene Düngergabe sorgt für einen guten Start, verwöhnt die Pflanzen aber nicht zu sehr. Vor allem **Polsterthymian, Lavendel** und **Küchensalbei** sollten nicht zu stark gedüngt werden, da sie sonst mastig werden und untypisch wachsen. Zunächst werden die Stauden in der oberen Hälfte ausgelegt und gepflanzt, anschließend die Pflanzlöcher für die **Rosen** ausgehoben, der Grund gelockert und Wasser eingefüllt. Nun die Rosen einsetzen und den Aushub anfüllen. Dann können die restlichen Stauden gepflanzt werden.

Bei einer Herbstpflanzung sind Komposterde und Nadelreisig ein guter Winterschutz. Die Rosen werden angehäufelt. Im Frühling mulcht man die Zwischenräume mit Kies.

TIPP

Die Rosensorte sollte möglichst natürlich wirken. Ungefüllte Blüten passen zum mediterranen Stil. Ebenso sollte man den Fruchtschmuck beachten. Lechtende Hagebutten setzen im Herbst nochmals einen Akzent.

Wie Sie pflegen

Im ersten Jahr

Im Frühling wird der Winterschutz entfernt, und die **Rosen** werden abgehäufelt. **Blumensedum, Spornblume** und **Dost** werden zurückgeschnitten. Bis zum Frühsommer kann man die Pflanzung sich selbst überlassen. Anschließend muss man welke **Rosen**blüten ausputzen. Abgeblühte Dolden der **Spornblume** werden dicht über einem Blattpaar abgeschnitten, um die Neubildung von Knospen anzuregen. Die **Wolfsmilch** wird im Juni zurückgeschnitten, damit sich neue kräftige Triebe entwickeln. Nach der Blüte den **Lavendel** etwas zurückschneiden, er sollte sich aber buschig entfalten können.

Nach dem Einwachsen

Erst im Frühling werden die krautigen Stauden zurückgeschnitten und mäßig gedüngt. Dazu recht man den Kies vorsichtig zusammen. Etwas reife Komposterde reicht meist aus, um die Nährstoffvorräte aufzufüllen. Die **Rose** wird ebenfalls geschnitten und kräftig gedüngt. Hier empfiehlt sich ein spezieller Rosendünger, denn optimale Nährstoffversorgung beugt Krankheiten vor. Wenn **Lavendel** und **Küchensalbei** vergreisen, schneidet man sie nach der Blüte oder im Frühjahr bis ins alte Holz zurück. Sie treiben

Die Blütenstiele mit den violetten Blütenbällen schiebt der Zierlauch *(Allium aflatunense)* im Mai in die Höhe. Stäbt man seine Stiele frühzeitig, wirken auch die Samenstände dekorativ.

dann frisch aus. Dies sollte etwa alle drei Jahre gemacht werden, um die Pflanzen vital zu halten. Das **Blumensedum** sollte alle vier bis fünf Jahre geteilt werden. Wenn das **Teppichsedum** zu langtriebig wird, kann man es mit dem Rasentrimmer knapp zurückschneiden.

Was Sie auch nehmen können

statt ① 12 x Stinkende Nieswurz *(Helleborus foetidus)* grüne Blüten im Frühling in Büscheln, dekoratives, wintergrünes Laub.

statt ④ 2 x Bartblume *(Caryopteris × clandonensis)* Strauch mit dunkelblauen Blütenbüscheln im August/September, Höhe 100 cm.

statt ⑥ 18 x Zierlauch *(Allium aflatunense)*, violette, kugelige Blütenstände, 80 bis 120 cm hoch, Blüte im Mai/Juni, Zwiebeln im Herbst setzen.

Klein aber fein herausgeputzt

Trotz der recht kleinen Fläche bietet dieser Vorgarten Platz für verschiedene Funktionen: Zugang zum Haus, Garageneinfahrt und direkten Weg zwischen Garage und Eingang, einen Stellplatz für Mülltonnen und zwei kleine Beetflächen. Diese erhalten ihre Struktur durch mehrmals blühende Hochstammrosen. Robuste Dauerblüher wie Himalaya-Storchschnabel und Frauenmantel begleiten die Blüte über viele Wochen. Rosafarbene Gartenastilben setzen im Hochsommer einen neuen Akzent. Schneeglöckchen und Traubenhyazinthen läuten die Frühlingssaison ein.

Grüne Wände

Der gesamte Vorgarten wird mit Hilfe des Zaunes eingerahmt. Er unterstützt in seiner Art die liebliche, ländliche Atmosphäre. Geschnittene Hainbuchen-Hecken verstärken die Raumbildung und verdecken gleichzeitig die Mülltonnen. Außerdem schaffen sie eine klare Abgrenzung zum Nachbargrundstück.

Was Sie brauchen

1. 5 x Hochstammrose *(Rosa-Hybride)*, zartrosa blühend
2. 12 x Frauenmantel *(Alchemilla mollis)*
3. 10 x Himalaya-Storchschnabel *(Geranium himalayense)*
4. 24 x Hainbuche *(Carpinus betulus)*
5. 6 x Gartenastilbe *(Astilbe ×arendsii)*, rosa blühend
6. 5 x Spindelstrauch *(Euonymus fortunei)*
7. 50 x Schneeglöckchen *(Galanthus nivalis)* – hier bereits eingezogen
8. 60 x Traubenhyazinthe *(Muscari armeniacum)* – hier bereits eingezogen

Wie Sie pflanzen

Bevor die Pflanzarbeiten beginnen, sollte das Fundament für den Zaun gesetzt werden. Anschließend werden die Klinkersteine und die dekorativen Kanten verlegt.

Pflanzgräben für die Hecken

Die **Hainbuchenhecken** werden im Herbst gepflanzt. Ist der Pflanzgraben ausgehoben, lockert man mit der Grabegabel den Grund und wässert kräftig. Anschließend die Pflanzen einsetzen und den Aushub anfüllen. Prüfen Sie, dass die Hainbuchen in einer Flucht und kerzengerade stehen.

Die Beete lockert man und arbeitet gleichzeitig reife Komposterde ein. Anschließend werden die **Hochstammrosen** gepflanzt. Dazu wird ein

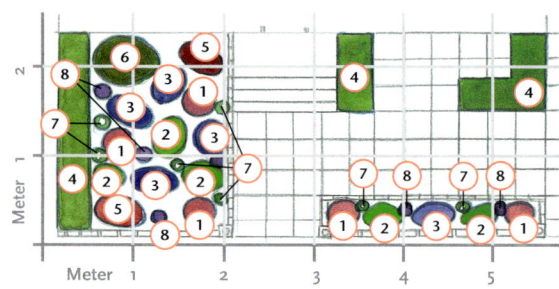

Pflanzplan zur Gestaltung Seite 32/33

tiefes Loch ausgehoben, der Grund gelockert und der Aushub mit reifer Komposterde vermischt. Anschließend füllt man das Pflanzloch mit Wasser. Auch die Rosen sollten gewässert werden, bevor man sie in das Loch setzt.

Nun den Aushub auffüllen und vorsichtig andrücken. Zum Schluss werden die Rosen gut angehäufelt. Die Krone schützt man mit einem luftdurchlässigen Jutegewebe oder einigen Tannenzweigen, die man darüber hängt, vor Frost und Wintersonne.

Vor dem Winter werden nun noch die Zwiebeln von **Schneeglöckchen** und **Traubenhyazinthen** gelegt. Im zeitigen Frühjahr wird die Gestaltung mit den **Stauden** vervollständigt. Man legt sie nach Pflanzplan aus und setzt sie in den Boden.

TIPP

Achten Sie darauf, dass zwischen Beet und Hainbuchenhecke die Bepflanzung zum Nachbargrundstück nicht zu dicht wird, damit man beim Schneiden bequem arbeiten kann. Gleichzeitig sollte man einige Trittsteine legen, um beim Schneiden nicht immer wieder die Erde im Beet zu verdichten.

Wie Sie pflegen

Im ersten Jahr

Im Frühjahr werden die **Hochstammrosen** abgehäufelt und der Winterschutz wird abgenommen. Im Wurzelbereich wird Dünger verteilt. Mit dem Beginn der Blüte muss man ihnen mehr Aufmerksamkeit widmen. Regelmäßiges Ausputzen der welken Blüten ist unumgänglich. Die **Hainbuchen** werden nach dem Austrieb entspitzt, um die Verzweigung zu fördern. Im August schneidet man das zweite Mal. Das Laub der **Schneeglöckchen** bleibt stehen, bis es gelb wird, ebenso das der **Traubenhyazinthen**. Nach der ersten Blüte schneidet man den **Frauenmantel** zurück, damit er wieder frisch austreibt. Gleichzeitig sollten Beete sowie Hecken nochmals gedüngt werden.

Nach dem Einwachsen

Im Frühling und Hochsommer werden die **Hainbuchen** geschnitten. **Frauenmantel, Himalaya-Storchschnabel** und **Astilben** werden im Frühling bodentief zurückgeschnitten. Anschließend wird gedüngt.
Bei den **Rosen** wird im Frühling vor dem Austrieb die Krone zurückgeschnitten und ausgelichtet. Man sollte bereits im Frühsommer aufmerksam das Laub auf typische Pilzkrankheiten wie Sternrußtau und Rosenrost untersuchen und erste Anzeichen ernst nehmen. Mit pflanz-

Eine Rabatte vor dem Wohnhaus umspielt die Fassade. Da das Beet nicht besonders tief ist, kann man es vom Weg aus leicht pflegen.

lichen Brühen oder Jauchen stärkt man ihre Abwehrkräfte.
Werden die **Schneeglöckchen**-Tuffs dicht und blühen nur noch wenig, teilt man sie direkt im Anschluss an die Blüte und setzt die Teilstücke wieder ein.

Was Sie auch nehmen können

statt ① **12 x Dost (Origanum laevigatum),** dezente rosarote Blütenstände, die den ganzen Sommer dekorativ aussehen, Höhe bis 40 cm.

statt ⑥ **10 x Lavendel (Lavandula angustifolia),** der Klassiker unter den Rosenkavalieren, lilablaue Blütenrispen im Juli.

statt ⑧ **2 x Strauchmalve (Lavatera olbia),** hoher Busch mit zarten rosa- oder pinkfarbenen Blütenschalen ab Juli, braucht etwas Winterschutz.

Im Zeichen des Haus- baumes

Die Fläche vor dem Haus teilt sich in gleich große Hälften auf. Die rechte Seite dient mit Fahrradunterstand und Müllboxen in erster Linie der Funktionalität, die linke mit Hilfe einer pflegeleichten Bepflanzung der Dekoration. Im Mittelpunkt steht in alter Tradition eine Eberesche als Hausbaum.

Mit ihren cremefarbenen Blüten und den orangeroten Früchten gibt es im Frühjahr und im Herbst jeweils einen Höhepunkt. Aber auch Sommer und Winter spiegeln sich in dem Beet wieder. Als Abgrenzung wird das Beet mit Buchsbaumhecken eingefasst. Zugleich schmückt der immergrüne Rahmen auch in der kalten Jahreszeit. Die Unterpflanzung ist großflächig angelegt, damit der Vorgarten wenig Arbeit macht. In erster Linie schmücken mehrjährige Gartenblumen wie Himalaya-Storchschnabel, Sonnenhut und Mädchenauge die Baumscheibe. Außerdem wechseln sich Vergissmeinnicht und Ringelblumen im Frühjahr und Sommer ab.

Was Sie brauchen

1 1 x Eberesche, Vogelbeere **(Sorbus aucuparia)**

2 55 x Buchsbaum **(Buxus sempervirens)**, Jungpflanze

3 1 x Buchsbaum **(Buxus sempervirens)**, kugelförmig, Durchmesser 40 cm

4 15 x Himalaya-Storchschnabel
(*Geranium himalayense*)

5 12 x Vergissmeinnicht *(Myosotis
sylvatica)* im Frühling bzw.

5a 12 x Ringelblume *(Calendula
officinalis)* im Sommer

6 8 x Sonnenhut *(Rudbeckia fulgida*
var. *sullivantii)*, z. B. 'Goldsturm'

7 8 x Schwefelgelbes Mädchenauge
(Coreopsis verticillata 'Moonbeam')

8 70 x Schneeglöckchen *(Galanthus
nivalis)* – hier bereits eingezogen

Wie Sie pflanzen

Ist die Kante zwischen beiden gleich großen Bereichen des Vorgartens gesetzt, kann man unabhängig voneinander die Pflanzung und die Verlegung der Platten vornehmen.

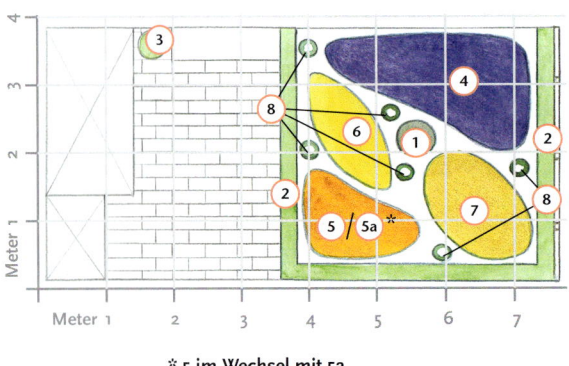

* 5 im Wechsel mit 5a

Pflanzplan zur Gestaltung Seite 44/45

Eine tiefgründige Lockerung

Der **Eberesche**nbaum wird im Herbst gepflanzt. Als Pflanzware bietet sich ein ballierter, mehrjähriger Baum an. Containerware kann auch im Frühling oder Sommer gepflanzt werden, man muss das Gehölz in diesem Fall intensiver pflegen, insbesondere gießen. Der Boden wird vor der Pflanzung tiefgründig umgegraben. Auch der Grund des Pflanzlochs sollte gelockert werden. Wie beim Aushub mischt man reife Komposterde unter. Der Baum wird gepflanzt und an einem Stützpfahl befestigt, damit er gerade anwächst.

Ist es noch früh im Herbst, können die Zwiebeln der **Schneeglöckchen** in die Erde gesetzt werden. Anderenfalls werden sie im folgenden Jahr ergänzt. Im Frühling pflanzt man die Stauden sowie die **Vergissmeinnicht** aus Jungpflanzen; letztere zählen zu den Zweijährigen. Als Abschluss wird nun die **Buchsbaumhecke** gesetzt und der Topf neben dem Eingang bepflanzt. Ideal eignet sich dafür eine Kübelpflanzenerde mit Langzeitdünger.

TIPP

Die Mährische Eberesche *(Sorbus aucuparia* 'Edulis') trägt nicht nur besonders große, sondern auch schmackhafte Früchte. Man kann die orangeroten Beeren zu Saft und Marmelade verarbeiten sowie raffinierte Süßspeisen daraus bereiten. Allerdings sollte man darauf achten, dass die Vögel beim Ernten nicht schneller sind.

Wie Sie pflegen

Ein zweigriffliger Weißdorn *(Crataegus laevigata* 'Paul's Scarlet') baut sich als Hausbaum im Vorgarten auf. Zur gleichen Zeit blüht die Berg-Waldrebe *(Clematis montana).*

Im ersten Jahr

Die **Eberesche** muss regelmäßig, aber insbesondere bei anhaltender Trockenheit reichlich gewässert werden. Sind die **Vergissmeinnicht** verblüht, tauscht man sie durch **Ringelblumen** aus. Diese können in Töpfen vorgezogen werden. Anfang August wird der **Buchsbaum** das erste Mal geschnitten, um den Austrieb anzuregen. Auch die Buchskugel im Topf wird in Form gebracht.

Im Herbst bringt man zwischen den Pflanzen reife Komposterde aus. Gegebenenfalls werden jetzt die **Schneeglöckchen** ergänzt.

Nach dem Einwachsen

Im Winter kann die Krone der **Eberesche** zurückgeschnitten werden. In der Regel ist dies nicht nötig, nur im Ausnahmefall wird der Umfang etwas reduziert. Im zeitigen Frühling werden alle Stauden zurückgeschnitten und anschließend gedüngt. **Vergissmeinnicht** werden neu gepflanzt und im Juni durch **Ringelblumen** ersetzt. Die welken Ringelblumen knipst man ab, um die Bildung neuer Knospen anzuregen. **Buchsbaum** wird im März und August geschnitten. Der Sommerschnitt sollte nur bei bedecktem Himmel durchgeführt werden. Der Buchs im Topf neben dem Eingang wird alle drei Jahre in frische Erde gesetzt.

Wenn die **Schneeglöckchen**-Horste blattreich und blütenarm werden, so nimmt man sie im Frühling nach der Blüte auf und teilt sie. Anschließend setzt man sie wieder in die Erde.

Was Sie auch nehmen können

statt **1** 1 x Zierapfel *(Malus × purpurea* 'Eleyi'), 6 m hoher Baum, dicht verzweigt, rote Blüten, rote Früchte.

statt **4** 10 x Teppich-Glockenblume *(Campanula poscharskyana),* flache Polster mit langen Trieben, lilafarbene Blütenglocken den ganzen Sommer.

statt **7** 12 x Narzissen *(Narzissus*-Hybriden), gelbe oder weiße Trompetenblüten an langen Stielen im März / April.

Temperamentvoller Willkommensgruß

Der Charakter des Vorgartens wird zum einen durch die verschiedenen Rottöne von Blüten, Blättern und Früchten bestimmt, zum anderen mischen sich der Bodenbelag und die Bepflanzung locker ineinander. So bekommt die kleine Fläche eine gewisse Großzügigkeit. Mit Hilfe von Rosen, rotlaubigen Purpurglöckchen und Ringelblumen wird eine Abgrenzung zum Gehweg geschaffen. Diese Bepflanzung korrespondiert mit der Gestaltung der Flächen rechts und links vom Eingang.

Ergänzend kommen hier Stechpalmen und Berberitzen als Bereicherung für die Winterzeit hinzu. Die rotlaubigen Berberitzen werden aber auch für eine abgeschrägte Hecke auf der Grundstücksgrenze verwendet. Zwischen den Natursteinplatten wachsen immer wieder Teppich-Glockenblumen als Verbindungselement zwischen den verschiedenen Beeten. Sie breiten sich im Laufe der Jahre durch Selbstaussaat aus. Eine Säule bietet Platz für Töpfe in jahreszeitlicher Abwechslung.

Was Sie brauchen

1 **2 x Stechpalme** *(Ilex × aquifolium)*

2 **6 x Beetrose** *(Rosa-*Hybride), **rot blühend**

3 **12 x Purpurglöckchen** *(Heuchera micrantha)*

4 **2 x Blutberberitze,** *(Berberis thunbergii* 'Atropurpurea'), **runder Busch**

Wie Sie pflanzen

Diese Vorgartengestaltung lässt sich leicht ausdehnen, indem man die reinen Pflanzflächen vergrößert und weitere rotlaubige Pflanzen wie das braunrote Blumensedum (Sedum-Hybride 'Matrona') und burgunderfarbenen Günsel (Ajuga reptans 'Atropurpurea') ergänzt.

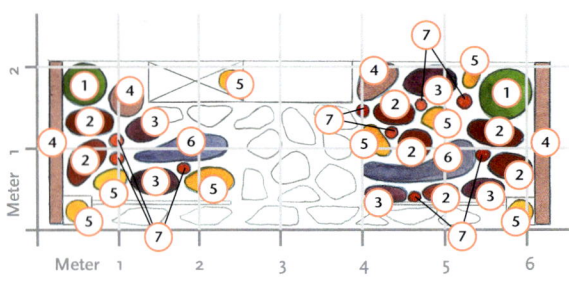

Pflanzplan zur Gestaltung Seite 40/41

Säulen als Blickfang

Zunächst werden die **Berberitzenhecken** gepflanzt. Ideal hierfür ist der späte Sommer oder das zeitige Frühjahr. Mit Hilfe von Bambusstangen, die jeweils am Heckenende in die Erde geschlagen werden, kann man die Pflanzen gerade ausrichten. Außerdem kann man mit einer weiteren Schnur die Schräge der Heckenkrone markieren. Später kann diese Hilfskonstruktion entfernt werden.

Nun werden für den Belag die Kantensteine gesetzt. Die Steine werden im Sandbett verlegt. Auch die Müllboxen können jetzt bereits aufgestellt werden. Für die Säulen sollte eine Stellfläche mit fachgerechtem Unterbau angelegt werden.

In den reinen Beetflächen lockert man unmittelbar vor dem Pflanzen die Erde und mischt reife Komposterde unter. Im Herbst können die **Rosen** gepflanzt werden. Anschließend setzt man **Stechpalmen** sowie **Berberitzenbüsche** und ergänzt **Purpurglöckchen** und **Tulpen**. Vor dem Verfüllen der Fugen mit Splitt setzt man die **Teppich-Glockenblumen**.

TIPP

In den breiten Fugen der Natursteine kann man einige Polsterpflanzen wie die Teppich-Glockenblume ansiedeln. Dazu wird der Splitt aus den Fugen vorsichtig herausgekratzt. Nun setzt man in das mindestens fünf bis sechs Zentimeter tiefe Loch eine kleine Pflanze und füllt um die Wurzeln Gartenerde ein. So werden die Randbereiche interessant, und Unkraut hat wenig Chancen.

Wie Sie pflegen

Im ersten Jahr

Die **Berberitzenhecke** wird nach dem Austrieb das erste Mal geschnitten. Dabei orientiert man sich hinsichtlich der Kantenführung an der gezogenen Schnur. Ende April werden die **Ringelblumen** ergänzt. Man kann sie in Töpfen auf der Fensterbank vorziehen. Legen Sie dazu drei Samenkörner in einen Topf und stellen ihn warm und hell auf. Die jungen Sämlinge müssen auf der Terrasse abgehärtet werden. Gegen späte Nachtfröste schützt man die Pflanzen mit einem Karton.

Welke **Tulpenblüten** werden abgeschnitten, die Blätter lässt man stehen, bis sie welk werden. Entfernt man die Zwiebeln direkt nach der Blüte, müssen im September neue gepflanzt werden. Diese Mühe garantiert jedoch Blüten im Frühling. Im Juni wird die Pflanzung gedüngt.

Nach dem Einwachsen

Der Heckenschnitt gehört zu den jährlich wiederkehrenden Arbeiten. Im Frühling nach dem Austrieb sowie im Juli/August schneidet man die Hecken. Im Frühling werden sowohl die **Purpurglöckchen** als auch die **Rosen** zurückgeschnitten. Den Sommer über putzt man ihre welken Blüten aus.

Die **Ringelblumen** müssen wie im ersten Jahr im April ergänzt werden. Im Herbst entfernt

Unter Wildem Wein *(Parthenocissus tricuspidata)* versteckt sich hier ganz geschickt die Mülltonnenbox. Im Herbst zeigt er seine prachtvolle Laubfärbung.

man die verdorrten Pflanzen. Die **Tulpen** werden alle drei Jahre neu gepflanzt.

Was Sie auch nehmen können

statt	①	**2 x Zierkirsche *(Prunus serrulata* 'Amanogawa'),** säulenförmiger Wuchs, bis 6 m, hellrosa Blüten im Frühling.
statt	⑤	**9 x Präriekerze *(Gaura lindheimeri)*,** lockerer, buschiger Wuchs, weiße Blüten den ganzen Sommer, wirkt duftig.
statt	⑥	**10 x Teppichsedum *(Sedum floriferum)*,** immergrüne Sprosse mit fleischigen Blättern, gelbe Blüten im Juni/Juli, rote Herbstfärbung.

Asiatisch gestylt

Mit Hilfe fernöstlicher Gartenelemente wird aus dem Vorgarten eine kleine Landschaft. Prägend wirkt sich vor allem die seitlich abgrenzende Bambushecke aus, aber auch die wie ein überdimensionaler Bonsaibaum geformte Kiefer. Funkien mit ihren dekorativen Blättern unterstreichen die asiatische Anmutung. Sie wachsen auch in Töpfen neben der Eingangstür und schaffen so eine Verknüpfung. Das Bärenfellgras erscheint wie eine kleine Wiese in der Vorgartenlandschaft.

Großzügige Stellfläche

Der Eingang ist zugleich der Zugang zum Carport. Daher nimmt die befestigte Fläche viel Raum ein. Unter der Holzkonstruktion können Fahrräder und Mülltonnen abgestellt werden. Die kniehohe Steinmauer ermöglicht ein zur Straße einheitlich wirkendes Bild. Auf der Innenseite wachsen abwechselnd Funkien und Spindelstrauch. Letzterer legt seine Triebe über die Mauerkrone.

Was Sie brauchen

1. **11 x Spindelstrauch** *(Euonymus fortunei)*
2. **8 x Funkie** *(Hosta-Hybride)*, **mittelgroße Sorte**
3. **2 x Funkie** *(Hosta-Hybride)*, **großlaubige Sorte**
4. **14 x Immergrün** *(Vinca minor)*

5 1 x Berg-Kiefer *(Pinus mugo)*,
   als Big Bonsai geformt

6 12 x Bärenfellgras
   (Festuca gautierii)

7 21 x Bambus *(Fargesia nitida)*,
   Jungpflanze

Wie Sie pflanzen

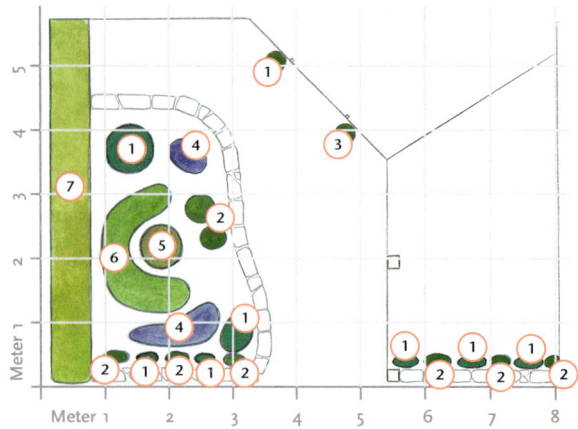

Pflanzplan zur Gestaltung Seite 36/37

Die Gestaltung geht von einem großen Vorgarten aus. Der Großteil der Fläche wird aber für den Weg und den Carport verwendet. Der bepflanzte Teil lässt sich mit einer Drehung um 90° auch auf einen wesentlich kleineren Vorgarten übertragen. Die Bambushecke entfällt in diesem Fall.

Wurzelschutzbahn für den Bambus

Nach Fertigstellung von Mauern und Zufahrt kann mit der Bepflanzung begonnen werden. Zunächst legt man den Pflanzgraben für die

Bambushecke großzügig mit einer Wurzelschutzbahn aus. Anschließend werden die Bambuspflanzen gesetzt und gut angegossen. Im frühen Herbst wird die **Bergkiefer** gepflanzt. Wie im Praxisteil Seite 58 beschrieben wird das Pflanzloch vorbereitet und der Baum eingepflanzt. Man muss beim Einsetzen dieses Baumes berücksichtigen, dass er von jeder Seite anders aussieht. Nehmen Sie sich Zeit und drehen Sie den Baum bis der Anblick stimmt, bevor sie ihn dauerhaft einpflanzen. Anschließend werden **Funkien, Immergrün, Bärenfellgras** sowie der **Spindelstrauch** ausgelegt und gepflanzt und die Zwischenräume mit Splitt oder Kies abgedeckt. Die **Funkien** im Topf pflanzt man im Frühjahr.

TIPP

Der Spindelstrauch wird in einer weiß und einer gelb panaschierten Form angeboten. Die Sortenwahl sollte mit der Laubzeichnung der Funkien übereinstimmen, oder aber man wählt ganz bewusst die Mischung, um ganz dezent etwas Abwechslung in die Gestaltung zu bringen.

Wie Sie pflegen

Die in asiatischer Tradition geformte Kiefer bestimmt als so genannter »Big Bonsai« das Bild des Vorgartens. Eine solche Form braucht regelmäßigen Schnitt, damit der Baum das ganze Jahr gepflegt wirkt.

Im ersten Jahr

Den **Bambus** lässt man zunächst einwachsen. **Funkien** werden im Frühjahr während des Austriebs vor Schneckenfraß geschützt. Im Bereich der Steinmauer legt man die Triebe des **Spindelstrauches** hoch, damit er über die Mauerkrone klettert.

Im Frühjahr werden die Pflanzen gedüngt. Achten Sie darauf, dass die Nährstoffe ausschließlich um die Pflanzen verteilt werden. Im März bepflanzt man auch die Töpfe am Hauseingang mit **Funkien**. Verwenden Sie eine strukturstabile Kübelpflanzenerde.

Nach dem Einwachsen

Die **Bambushecke** wird im Frühjahr in Form gebracht. Die Nadelkissen der **Kiefer** werden nach dem Neuaustrieb gestutzt. Ebenso schneidet man neue Triebe, die sich am Stamm oder an den Ästen entwickeln, ab.

Das welke **Funkien**laub sammelt man im Herbst ab. Die Töpfe müssen alle zwei bis drei Jahre umgetopft werden, in den übrigen Jahren versorgt man die Pflanzen im Frühjahr einmal mit einer der Topfgröße entsprechenden Menge Langzeitdünger.

Wenn das **Bärenfellgras** hochwächst und die Halme umfallen, nimmt man es auf und setzt es etwas tiefer in die Erde. Das **Immergrün** kann nach vier bis fünf Jahren im Frühsommer einmal komplett zurückgeschnitten werden. Hierzu kann man den Rasentrimmer verwenden. Es treibt dann aus dem Wurzelstock neu aus.

Was Sie auch nehmen können

statt ② 8 x Gartenastilbe *(Astilbe × arendsii)*, rote, rosa- oder cremefarbene Blütenrispen, dunkelgrünes Laub, Höhe zwischen 50 und 70 cm.

statt ④ 14 x Waldsteinie *(Waldsteinia ternata)*, wintergrüner Bodendecker mit gelben Blüten im April, anspruchslos.

statt ⑥ 21 x Hainbuche *(Carpinus betulus)* laubabwerfende Heckenpflanze.

Ein Evergreen für kleine Flächen

Immergrüne schenken dem Vorgarten eine ruhige Struktur, die sich dezent der Architektur unterordnet. Gleichzeitig kommen die Pflanzen mit der schattigen Lage gut zurecht. Im Frühling, wenn Blüten besonders willkommen sind, verheißen die verschiedenen Gehölze und Stauden Farbtupfer. Die Zierkirsche verwandelt sich in eine rosarote Säule, die Lenzrosen schieben ihre Blütenstiele in die Höhe, und die Bergenien leuchten in kräftigem Rosa. Als Aufheller mischen sich Narzissen dazwischen.

Blüten im Frühling

Im weiteren Verlauf ergänzen violette Blütensterne des Immergrüns und blaue Hasenglöckchen das Treiben der Rhododendren. Neben dem Eingang schirmt ein mit Efeu berankter Gitterzaun das Grundstück ab. Der Beetstreifen davor macht durch Narzissen und später Hornveilchen von sich reden. Die Müllbox versteckt sich unter dem dunkelgrünen Blätterkleid des Efeus.

Was Sie brauchen

1. **20 x Efeu** *(Hedera helix)*
2. **1 x Zierkirsche *(Prunus serrulata)*,** z. B. 'Amanogawa'
3. **3 x Rhododendron** *(Rhododendron-Hybriden)*
4. **1 x Stechpalme** *(Ilex aquifolium)*
5. **10 x Immergrün** *(Vinca minor)*
6. **6 x Lenzrose** *(Helleborus orientalis)*

7 6 x Bergenie
(Bergenia-Hybriden)

8 4 x Hornveilchen
(Viola cornuta), violett blühend

9 24 x Hasenglöckchen
(Hyacinthoides non-scripta)

10 20 x Narzisse *(Narcissus-*
Hybriden), kleinblumige
Mischung

Wie Sie pflanzen

Je nach Umgebung kann man die Müllbox auch in den schmalen Beetstreifen integrieren. Als Ersatz pflanzt man einen weiteren Rhododendron im Beet. Bei einem weiten Dachüberstand sollte man berücksichtigen, dass die Pflanzen erst dort gepflanzt werden dürfen, wo Regen-

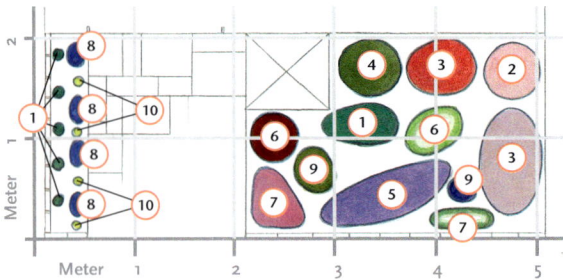

Pflanzplan zur Gestaltung Seite 48/49

wasser auf den Boden gelangt. Meist ist der Traufschatten 60 Zentimeter breit.

Im Frühjahr oder Spätsommer pflanzen
Wenn die baulichen Arbeiten abgeschlossen sind, kann mit der Bepflanzung begonnen werden. Zunächst verteilt man die Efeupflanzen am Drahtzaun und rund um die Müllbox. Anschließend werden die Gehölze

gepflanzt. Man gräbt großzügig Löcher und lockert den Grund. Bei den **Rhododendren** ist eine saure Bodenreaktion erforderlich (pH-Wert unter 6). Gegebenenfalls muss man das Pflanzloch großzügig ausheben und zunächst durch ein Spezialsubstrat für Rhododendren und Moorbeetpflanzen ersetzen. Anschließend wird gewässert und die Sträucher werden gepflanzt. **Zierkirsche** und **Stechpalme** kommen ohne das Spezialsubstrat aus.

Die Zwiebeln des **Hasenglöckchens** werden im Herbst gelegt. Bei einer Frühjahrspflanzung ergänzt man sie im folgenden Herbst. **Lenzrosen, Efeu, Bergenien** und **Immergrün** legt man in den Zwischenräumen aus und setzt sie nach dem Pflanzplan.

Der Pflanztermin für **Narzissen**zwiebeln ist der Herbst. Bei einer Frühjahrspflanzung kann man vorgetriebene Narzissen setzen und die Lücken mit **Hornveilchen** füllen.

Wie Sie pflegen

Im ersten Jahr

Bei Trockenheit gießt man das Beet gründlich.
Nach der Blüte werden die Blütenstände der
Rhododendren ausgebrochen, damit sich die
Triebe ungehindert entwickeln können.
Narzissen und **Hasenglöckchen** werden nach
der Blüte nur ausgeputzt, erst wenn das Laub
gelb wird, kann es abgeschnitten werden.
Ebenso schneidet man die Blütenstiele der
Bergenien und **Lenzrosen** nach der Blüte ab.
In die Lücken der **Hornveilchen** kann man
im Spätsommer Silberrand-Chrysanthemen
(Ajania pacifica) setzen.
Im April verteilt man an den Pflanzen Dünger.

Nach dem Einwachsen

Zeigen die **Rhododendren** gelbe Blätter, so
deutet das darauf hin, dass der Boden einen zu
hohen pH-Wert hat. Machen Sie zunächst
einen Bodentest. Anschließend muss man an
eine Erneuerung des Bodens denken.
Braune Blütenknospen deuten auf einen Befall
mit Rhododendron-Zikaden hin. Achten Sie
besonders auf einen nährstoffreichen Boden,
um die Sträucher zu stärken. Die **Stechpalme**
kann im Laufe der Jahre sehr sparrig werden.
Triebe, die nur im vorderen Drittel Blätter und
Früchte tragen, kräftig zurückschneiden, um
den Neuaustrieb anzuregen.

Ein Weg aus unregelmäßigen Natursteinplatten führt zum
Haus. Die Steine wirken großzügig, und zugleich überlassen
sie den Beeten die Hauptrolle.

Wenn die **Bergenien** hochwachsen und sehr
dicht werden, nimmt man sie auf und teilt die
Stöcke mit dem Spaten. Im Herbst verteilt man
regelmäßig eine dicke Schicht reife Komposterde zwischen den Pflanzen.

Was Sie auch nehmen können

statt (9) **30 x Lilienblütige Tulpen *(Tulipa*-Hybriden),
weiß blühend; die eleganten Blüten
ergänzen Rhododendren und Zierkirsche
und bringen Licht in den Schatten. Lassen
sie in der Blüte nach, müssen sie neu
gesetzt werden.**

statt (2) **1 x Berg-Waldrebe *(Clematis montana)*,
hellrosa Blütensterne im Mai, benötigt eine
Kletterhilfe aus Draht an der Hausfassade.**

Gartenidylle auf kleinem Raum

Als langer schmaler Saum erstreckt sich dieser Vorgarten. Über einen schmalen Kiesweg, der parallel zum Fußweg durch die Bepflanzung führt, gelangt man vom Eingang sowohl zur Garage als auch in den Garten. Der Zugang zum Haus ist doppelt so breit. Dieses Wegesystem unterteilt den Garten in die verschiedenen Beetflächen, die das ganze Gartenjahr etwas zu bieten haben.

Vom Frühling bis zum Herbst

Den Anfang machen Lenzrosen, Bergenien und Sternmagnolie. Der Sommer steht im Zeichen von Strauchmalve, Prachtspiere und Mädchenauge. Zugleich stellt die Italienische Waldrebe, die an einem Spalier an der Fassade emporklettert, eine Attraktion dar. Im Herbst wird das Auge auf die Blüten des Federborstengrases und die tellerförmigen Blütenstände des Blumensedums gelenkt. Der Winter lebt von den verschiedenen Wuchsformen der verwendeten Pflanzen.

Was Sie brauchen

1. 1 x Sternmagnolie
   (*Magnolia stellata*)
2. 9 x Prachtspiere
   (*Astilbe × arendsii*)
3. 3 x Lenzrose
   (*Helleborus orientalis*)
4. 15 x Bergenie
   (*Bergenia*-Hybriden)
5. 1 x Strauchmalve
   (*Lavatera olbia*)
6. 2 x Mandelblättrige Wolfsmilch
   (*Euphorbia amygdaloides* var. *robbiae*)

7 1 x Italienische Waldrebe
   (Clematis viticella-Hybride), rosa
   blühend

8 2 x Federborstengras
   (Pennisetum alopecuroides)

9 12 x Purpurglöckchen
   (Heuchera micrantha)

10 5 x Blumensedum (Sedum
   telephium), z. B. 'Herbstfreude'

11 6 x Schwefelgelbes Mädchenauge
   (Coreopsis verticillata 'Moonbeam')

12 2 x Blutberberitze (Berberis
   thunbergii 'Atropurpurea')

Wie Sie pflanzen

Die Gestaltung bringt Vielfalt in den Vorgarten und lässt sich sogar auf ein noch schmaleres Grundstück übertragen. In diesem Fall verzichtet man auf den Kiesweg, der durch die Pflanzung hindurch führt.

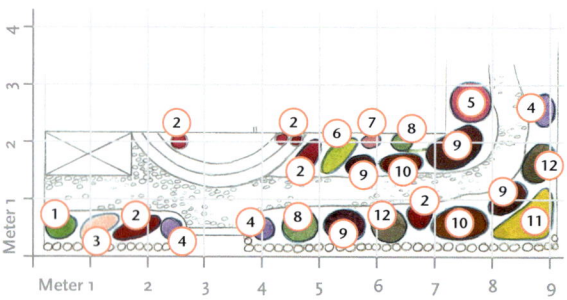

Pflanzplan zur Gestaltung Seite 52/53

Holzbohlen als Grenzlinie

Im Herbst legt man die Gestaltung an. Zunächst werden Weg und Beetflächen markiert. Ein fachgerechter Unterbau ist für den Pfad erforderlich, damit er richtig entwässert und durch Benutzung nicht uneben wird. Die Beete werden tiefgründig gelockert und das Erdreich wird mit reifem Kompost durchmischt. Noch vor dem Winter können **Sternmagnolie** und **Blutberberitzen** gepflanzt werden.

Für die **Italienische Waldrebe** wird ein tiefes Loch gegraben. Es sollte außerhalb des Dachüberstandes liegen. Die Pflanze wird tiefer gepflanzt, als sie im Topf stand. Sie darf schräg zur Hauswand stehen, an der das Rankspalier befestigt ist. Bei der Pflanzung setzt man ein Plastikrohr neben die Pflanze. Es sollte direkt zum Wurzelballen führen. So kann man die Kletterpflanze optimal mit Wasser versorgen. Mit einigen Kieselsteinen sorgt man für den notwendigen Schatten, den die Waldreben am Fuß bevorzugen.

Im zeitigen Frühjahr setzt man die Stauden. Sie werden zunächst ausgelegt und anschließend gepflanzt. In den folgenden Wochen muss regelmäßig gegossen werden. Außerdem deckt man die Pflanzung mit Mulch ab.

Wie Sie pflegen

Im ersten Jahr

Zunächst lässt man die Stauden und Gehölze einwachsen. Die Zwischenräume werden unkrautfrei gehalten. Für die **Strauchmalve** wird frühzeitig eine hohe Staudenstütze aufgestellt, in die die Triebe hinein wachsen können. Sind **Lenzrosen** und **Bergenien** verblüht, werden sie zurückgeschnitten. Ebenso muss zum Sommeranfang die **Mandelblättrige Wolfsmilch** zurückgestutzt werden. Im Juni wird Dünger auf den Beeten verteilt. Die **Italienische Waldrebe** führt man an das Rankspalier. Will man die **Blutberberitze** in Form bringen, so schneidet man sie mit der Heckenschere oder dem Rasenkantenschneider im Spätsommer. Im Herbst werden nur störende Staudentriebe zurückgeschnitten und die **Strauchmalve** wird mit Laub und Zweigen als Winterschutz abgedeckt. Der Großteil der Horste sollte allerdings bis zum Frühjahr stehen bleiben, um mit seinen Strukturen die Situation zu beleben.

Nach dem Einwachsen

Im März schneidet man die meisten Stauden zurück. Ausnahme: **Lenzrose** und **Bergenie**, für sie liegt der Zeitpunkt erst nach der Blüte. Anschließend bringt man organischen Dünger aus, arbeitet ihn mit einer Gartenhacke vorsichtig unter und erneuert die Mulchschicht.

Buchsbaum rahmt diesen Vorgarten das ganze Jahr als grüner Saum ein. Der Bogen ist aus Buchen gezogen und umgrenzt den Eingangsbereich.

Die **Italienische Waldrebe** kann im Frühling zurückgeschnitten werden, wenn sie sehr dicht ist. Dazu nimmt man einzelne Triebe heraus. Die **Blutberberitze** schneidet man nach dem Austrieb und im Spätsommer. Vergreiste **Bergenien** werden wie auf Seite 51 beschrieben verjüngt.

Was Sie auch nehmen können

statt ⑤ 1 x Sternmagnolie *(Magnolia stellata)*, weiße Blüten im April, klein bleibendes Gehölz, bronzefarbene Herbstfärbung.

statt ⑦ 1 x Berg-Waldrebe *(Clematis montana)*, rosafarbene Blütensterne im April/Mai, sehr reichblütig, robust.

statt ⑩ 2 x Sommersalbei *(Salvia nemorosa)*, z. B. 'Ostfriesland', violettblaue Blütenkerzen im Juni, dichtbuschig, bei Rückschnitt nach der Blüte zweiter Flor im Spätsommer.

Praxis – Anlegen

Der Weg zum Haus:
Die Breite des Weges ergibt sich aus den Proportionen der Gesamtgestaltung und der Art der Nutzung. Der direkte Weg zur Haustür muss breit und trittsicher angelegt werden.

Zäune und Einfassungen

Die Einfriedung eines Vorgartens ist Geschmackssache und hängt sehr von der Wohnlage ab. Sie hält nicht nur Nachbars Hund davon ab, sein Geschäft zwischen Rhododendron und Gartenastilbe zu verrichten, sondern verhindert, dass Getränkedosen und Plastiktüten umhergeweht werden. Bei der Anlage werden die

Fundamente frühzeitig gesetzt. Die eigentlichen Zaunelemente befestigt man erst zum Schluss vom Gehweg aus.

Der Weg zum Haus

Die Hauptaufgabe des Vorgartens liegt im Zugang zum Haus. Der Verlauf des Weges hängt von der Lage der Eingangstür ab und wird mit der Gestaltung in Einklang gebraucht. Er muss so breit sein, dass man ungehindert sperrige Dinge transportieren kann. Außerdem müssen die Steine leicht zu reinigen und auch bei anhaltender Feuchtigkeit trittsicher sein.

Wegebau

Wird der Weg angelegt, sollte man, ganz gleich wie die Planung im Detail aussieht, Leerrohre für Elektrokabel entlang der Wegkante verlegen. So kann man ohne Schwierigkei-

Gepflasterter Weg:
Zunächst werden die Kanten in ein Mörtelbett gesetzt, anschließend verlegt man die Pflastersteine.

ten auch später noch eine Beleuchtung anbringen oder das Eingangstor mit der Klingelanlage verbinden.
Jeder Weg braucht einen fachgerechten Unterbau, der ent-

Treppenstufen müssen fachgerecht eingebaut werden, damit man bequem gehen und Regenwasser abfließen kann.

Kies und Splitt werden auf einen fachgerecht verdichteten Unterbau ausgebracht und mit dem Rechen geglättet.

wässert und für eine ebene Wegedecke sorgt. Der Aufbau hängt vom jeweils verwendeten Material ab. Man unterscheidet zwischen der wassergebundenen Wegedecke und dem festen Belag aus Platten oder Pflastersteinen. Während die Kante grundsätzlich in ein Mörtelbett gelegt werden sollte, können die Steine auch in Sand gesetzt werden. So versickert Regenwasser leichter. Unkraut in den Fugen muss man in Kauf nehmen.

Treppen und Stufen

Höhenunterschiede zwischen Bürgersteig und Hauseingang werden durch Stufen und Treppen ausgeglichen. Achten Sie immer darauf, dass man bequem und rhythmisch auf den Stufen geht, sonst werden sie zur Stolperfalle. Außerdem sollten sie gut beleuchtet sein.

Beleuchtung

Lichter werden auf jeden Fall neben der Tür an der Hauswand befestigt. Gleichzeitig sollte der Weg, vor allem wenn er lang und eingewachsen ist, gut beleuchtet werden. Ein Bewegungsmelder steuert die Beleuchtung. Der Elektroanschluss muss mit dem Bodenbelag installiert werden. Achten Sie darauf, dass die Kabel nicht beim Umgraben beschädigt werden können. Außerdem sollten Sie die Lage des Kabels für Reparaturarbeiten in einem Plan festhalten.

Müllbox & Co

In der Bauphase des Vorgartens werden natürlich auch die Müllboxen und Fahrradständer aufgestellt. Sie brauchen einen sicheren Stand.

Lichtsteine beleuchten dezent den Platz vor der Eingangstür (oben). Der Mülltonnenschrank wird mit Efeu verkleidet. Er ist direkt am Weg aufgestellt und leicht zu erreichen (unten).

Praxis – Bepflanzen

Hecken und Einfassungen pflanzen: Zunächst wird die Hecke ausgemessen und der Verlauf vom Pflanzplan auf die Fläche übertragen. Anschließend gräbt man den Pflanzgraben und setzt die Gehölze in gleichmäßigem Abstand nebeneinander ein.

Pflanzzeiten

Die Pflanzzeiten sind für die verschiedenen Pflanzen und Pflanzenqualitäten unterschiedlich. Im Herbst sollten unbedingt frühlingsblühende Zwiebelblumen in die Erde. Auch Stauden können im frühen Herbst gepflanzt werden. Als Alternative bietet sich das Frühjahr an. Die beste Pflanzzeit für Rosen ist der Spätherbst. Zu dieser Zeit kann man auch laubabwerfende Gehölze problemlos pflanzen. Immergrüne sollten bis Mitte Oktober gepflanzt sein. Sommerblumen kommen zum Saisonbeginn im Mai in die Blumenbeete. Containerpflanzen können im Grunde zu jeder Jahreszeit gesetzt werden, allerdings brauchen sie gerade im Sommer besonders viel Aufmerksamkeit und müssen regelmäßig gegossen werden.

Die Anlage einer Hecke

Bei Formschnitthecken kommt es darauf an, dass die Pflanzen alle in einer Reihe stehen und dass sich die grüne Wand von unten nach oben gleichmäßig aufbaut. Daher zum Pflanzen zunächst eine Pflanzschnur ziehen und an dieser entlang einen Pflanzgraben auszuheben. Die Pflanzen werden hineingesetzt und senkrecht ausgerichtet. Dicht wird die Hecke vor allem, wenn man Jungpflanzen verwendet, die sich auch im unteren Drittel der Hecke reich verzweigen. Je höher eine Hecke werden soll, desto wichtiger ist es, dass sie unten breiter ist als oben. Nur so bekommen die unteren Bereiche ausreichend Licht.

Gehölze pflanzen

Bäume und Sträucher setzt man in ein tiefes Pflanzloch. Dieses wird ausgehoben, den

Stauden pflanzen: Mit dem Handspaten gräbt man ein Loch, mischt den Boden mit reifem Kompost und setzt die Stauden ein.

Töpfe mehrjährig bepflanzen: In Kübelpflanzenerde gedeihen Funkien über mehrere Jahre. Alle drei Jahre teilt man die Horste im zeitigen Frühjahr und pflanzt sie in frische Erde.

Grund lockert man mit der Grabegabel. Mit einer Latte, die quer über das Loch gelegt wird, kann man prüfen, ob das Loch für den jeweiligen Ballen tief genug ist. Dieser darf nicht höher stehen als zuvor in der Baumschule.

Stammbildner werden in den ersten Jahren mit einer Kokosschnur an einem Pflanzpfahl befestigt, damit sie gerade anwachsen.

Pflanztiefe für Zwiebelblumen

Im Herbst kommen die Frühlingsblüher in die Erde. Die richtige Tiefe ergibt sich aus der Zwiebelgröße. Die Faustformel lautet: Das Pflanzloch muss zwei bis drei Mal so tief sein, wie die Zwiebel hoch ist. Achten Sie immer darauf, dass die flache Unterseite auf dem Boden aufliegt. Ein Luftloch unter der Zwiebel fördert Fäulniserreger – daher gut andrücken!

Gefäße bepflanzen

Töpfe rechts und links neben der Haustür haben sich als freundliches Empfangskomitee einen Namen gemacht. Grundsätzlich müssen die Gefäße im Boden ein Abzugsloch haben. Man legt eine Tonscherbe darüber, damit das Substrat nicht ausgespült wird. Darüber wird eine etwa fünf Zentimeter

hohe Schicht Blähton gefüllt. Für Einjährige verwendet man eine normale Blumenerde, für mehrjährige Gehölze und Stauden dagegen ein Kübelpflanzensubstrat. Die Erde sollte drei Zentimeter unter dem Topfrand aufgefüllt werden. So bleibt ein Gießrand. Stellen Sie die Töpfe immer auf einen Untersetzer und diesen auf Tonfüße.

Trittplatten im Beet erleichtern die Pflege eines tiefen Vorgartens und schonen zugleich den Boden. Polsterpflanzen helfen bei der optischen Einbindung.

Praxis – Pflegen

Rindenmulch wird in einer dicken Schicht im Beet verteilt, sodass man vom Gartenboden nichts mehr sieht.

Mulchen

Direkt nach der Pflanzung bedeckt man den Boden mit einer fünf bis zehn Zentimeter hohen Schicht Mulch. Als Material kann man organische Stoffe wie Rindenmulch verwenden oder auch Kies und Splitt. Die Wahl des Materials hängt von der Art der Gestaltung ab. Die Mulchschicht wird aber nicht in erster Linie aus optischen Gründen ausgebracht, sondern vielmehr um den Unkrautwuchs zu unterdrücken und den Boden vor starkem Austrocknen zu bewahren.

Wenn man düngt, recht man den Mulch zur Seite und verteilt die Nährstoffe rund um die Wurzel der jeweiligen Pflanze. Anschließend wird die Mulchdecke geschlossen. Organische Mulchmaterialien müssen einmal im Jahr aufgefrischt werden.

Frühjahrsschnitt bei Rosen

Natürlich nimmt man die langen, über den Sommer gewachsenen Triebe bereits im Herbst etwas zurück. Der Feinschnitt erfolgt aber erst im Frühling. Die Triebe werden auf etwa ein Drittel zurückgeschnitten. Dabei sollte der Schnitt leicht schräg, direkt über einem Auge angesetzt werden. Dieses sollte nach außen zeigen. Gleichzeitig werden kranke, beschädigte und alte Triebe entfernt.

Rückschnitt:
Welke Rosenblüten werden während des Sommers entfernt (oben). Gräserhorste schneidet man im Frühjahr vor dem Neuaustrieb (unten).

Heckenschnitt leicht gemacht:
Mit Hilfe von Bambusstäben und einer Schnur markiert man die Höhe der Hecke (links). Nun führt man den Balken der elektrischen Heckenschere parallel zur Schnur und erhält eine gerade Kante (rechts).

Rückschnitt der Stauden

Damit im Winter einige Strukturen erhalten bleiben, sollte man die meisten Stauden im Herbst stehen lassen. Die Triebe stellen zugleich einen gewissen Winterschutz dar. Im Frühjahr vor dem Austrieb werden die Horste komplett zurückgeschnitten. Eine Ausnahme stellen winter- und immergrüne Arten dar, zum Beispiel Bergenien und Lenzrosen, sowie Halbsträucher wie Lavendel und Heiligenkraut.

Ein paar Tipps

Binden Sie Stauden, die leicht umfallen oder wenig standfest sind, mit Staudenstützen oder Bambusstäben auf. Das verhilft dem Vorgarten zu einem guten Bild. Stauden, die sich mit Ausläufern ausbreiten, neigen dazu, in der Mitte kahl zu werden. Daher sollte man bei Bodendeckern, Mädchenauge und Kissenastern reife Komposterde auf die Pflanzen geben, um die Mitte gut zu versorgen und eine Teilung ein bis zwei Jahre hinauszuzögern.

Winterschutz

In der kalten Jahreszeit macht sich auch im Vorgarten Ruhe breit. Damit die Pflanzen im Frühjahr wieder topfit sind und man keine Ausfälle zu beklagen hat, sollte man sich die Mühe eines guten Winterschutzes machen. Rosen werden angehäufelt, Polster mit reifem Kompost abgedeckt. Junge Rosen und empfindliche Pflanzen werden mit Nadelreisig geschützt.

Winterschutz:
Empfindliche Sträucher und Stauden werden im Vorgarten mit Tannen- und Fichtenreisig zugedeckt, um sie vor Nässe und Kälte zu schützen.

Bezugsquellen

Steine, Bodenbelag
METTEN STEIN + DESIGN
GmbH & Co. KG
Hammermühle
51491 Overath

Gartenschmuck, Rankhilfen
Country Garden
Christel Plasa
Auf den Beeten 12
72119 Ammerbuch-Reusten

Die Gartengalerie
Wössingergasse 15
75045 Walzbachtal

Form und Technik
30966 Hemmingen

Hesperiden
In der Schmalau 4
90427 Nürnberg

Holzelemente
Osmo
Ostermann & Scheiwe
Hafenweg 31
48155 Münster

Licht
KANN GmbH
Baustoffwerke
Bendorfer Straße
56170 Bendorf

Dahlhaus
Heinrichstraße 71–75
58256 Ennepetal

Gehölze
Baumschule Lorenz von
Ehren
Maldfeldstr. 4
21077 Hamburg

Baumschule Huben
Schliesheimer Fußweg 7
68526 Ladenburg

Clematis
F. M. Westphal
Peiner Hof 7
25497 Prisdorf

Rosen
W. Kordes' Söhne
Rosenschulen
Rosenstraße 54
25365 Klein Offenseth-
Sparrieshoop

Rosen von Schultheis
Bad Nauheimer Str. 3–7
61231 Bad Nauheim-
Steinfurth

Stauden
Staudengärtnerei Georg
Arends
Anja Maubach
Monschaustr. 76
42369 Wuppertal-Ronsdorf

Staudengärtnerei Dieter
Gaissmayer
Bioland-Gärtnerei
Jungviehweide 3
89257 Illertissen

Sommerblumen
Thompson & Morgan
Poplar Lane, BG-Ipswich,
Suffolk IP8 3BU
United Kingdom
erhätlich auch über:
Thysanotus Samen-Versand
Uwe Siebers
Bockhorster Dorfstr. 39 a
28876 Oyten

Versender
Dehner
86640 Rain am Lech

Gärtner Pötschke
Beuthener Straße 4
41561 Kaarst

Adressen

Informationen können Sie
erhalten bei:
BGL – Bundesverband
Garten-, Landschafts- und
Sportplatzbau e.V.
Alexander v. Humboldt-
Straße 4
53604 Bad Honnef

Stichwortverzeichnis

Bildnachweis:

Innenteil:

Borstell: 1, 2, 6, 7, 11, 23, 31, 35, 39, 43, 47, 55, 56ul, 59u, 60u, 61o
Krohme: 58u
Pforr: 56ur
Pötschke: 60o
Redeleit: 27, 56o, 57o
Reinhard: 19, 59o
Strauß: 15, 51, 57u, 58o
Unopiu: 61u

Umschlagfotos:

Vorderseite: Garpa, 21039 Escheburg, www.garpa.de

Vordere Klappe/Außenseite:
Borstell: or, ml, mr, ul
Pforr: om
Reinhard: ol, mm, um, ur

Vordere Klappe/linke Innenseite:
Adams: ml
Borstell: om, mm, mr, ul, um
Pforr: or, ur
Seidl: ol

Vordere Klappe/rechte Innenseite:
Adams: om, or
Borstell: ml, mm, ul, ur
Redeleit: ol
Reinhard: mr, um

Hintere Klappe/Außenseite:
Borstell: ol, or, ml, mm, um
Reinhard: ul, ur
Seidl: mr
Stangl: om

Hintere Klappe/linke Innenseite:
Borstell: om, or, mm, um, ur
Reinhard: mr, ul
Seidl: ol, ml

Hintere Klappe/rechte Innenseite:
Adams: ml, um
Borstell: or, mm, mr, ul, ur
Reinhard: ol
Seidl: om

Grafiken:

Sylvia Bespaluk

Bibliografische Information Der Deutschen Bibliothek
Die Deutsche Bibliothek verzeichnet diese Publikation in der Deutschen Nationalbiografie; detaillierte bibliografische Daten sind im Internet über http://dnb.ddb.de abrufbar.

BLV Verlagsgesellschaft mbH
München Wien Zürich
80797 München

© 2003 BLV Verlagsgesellschaft mbH, München

Umschlaggestaltung:
Joko Sander Werbeagentur, München

Layoutkonzept Innenteil:
Parzhuber und Partner, München

Lektorat: Dr. Thomas Hagen
Herstellung und DTP: Angelika Tröger

Gedruckt auf chlorfrei gebleichtem Papier

Printed in Germany ·
ISBN 3-405-16430-3

Richtig planen und gestalten